Impressum
Verlag: BABADADA GmbH, Nedderfeld 112 , 22529 Hamburg
Geschäftsführer / Verlagsleitung: Harald Hof
Druck: Books on Demand GmbH, In de Tarpen 42, 22848 Norderstedt

Imprint
Publisher: BABADADA GmbH, Nedderfeld 112 , 22529 Hamburg, Germany
Managing Director / Publishing direction: Harald Hof
Print: Books on Demand GmbH, In de Tarpen 42, 22848 Norderstedt, Germany

учиона
sukuudanmu

делити
kyemu

186/2

плоча
twerɛ pono

школско двориште
sukuu mu

наставник
kyerɛkyerɛni

папир
krataa

писати
twerɛ

хемијска оловка
pɛn

ол
ɛpono a yɛyɛ so adwuma

лењир
rula

књига
nwoma

ученик
sukuuni

торба

baage

перница

twerɛdua konko

графитна оловка

twerɛdua

шиљило за оловке

deɛ yɛde sensen twerɛdua
ano

гумица за брисање

rɔba

блок за цртање

krataa a yɛdwi adeguso

цртеж

adedwie

кист

penti brɔhye

кутија са бојама

penti adaka

маказе

apasoɔ

лепило

aman

бележница

nwoma a yɛyɛ mu adwuma

домаћи задатак

efie adwuma

12

број

nɔma

2+2

сабирати

kabom

5-2

одузимати

te fri mu

2×2

множити

mmɔho

рачунати

sese

A

слово

lɛtɛ

ABCDEFG HIJKLMN OPQRSTU VWXYZ

абецеда

ntwerɛeɛ

hello

реч

asɛmfua

текст
ntwerɛdeɛ

читати
kenkan

креда
kyɔk

час
adesua

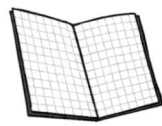

дневник
twerɛ wo din

испит
nsɔhwɛ

сведочанство
abodinkrataa

школска униформа
sukuu ataadeɛ

образовање
adesua

лексикон
nyansa nwoma

универзитет
suapɔn

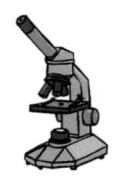

микроскоп
maakroskop

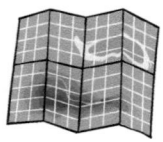

карта
map

кошара за папир
kɛntɛn a yɛde krataa nwura
gu mu

путовање
akwantuo

хотел
ahɔhogyebea
Grand
преноћиште
hostɛl
ROOMS
мењачница
baabi a yɛ sesa sika
EXCHANGE
кофер
potomanto
ауто
kaa

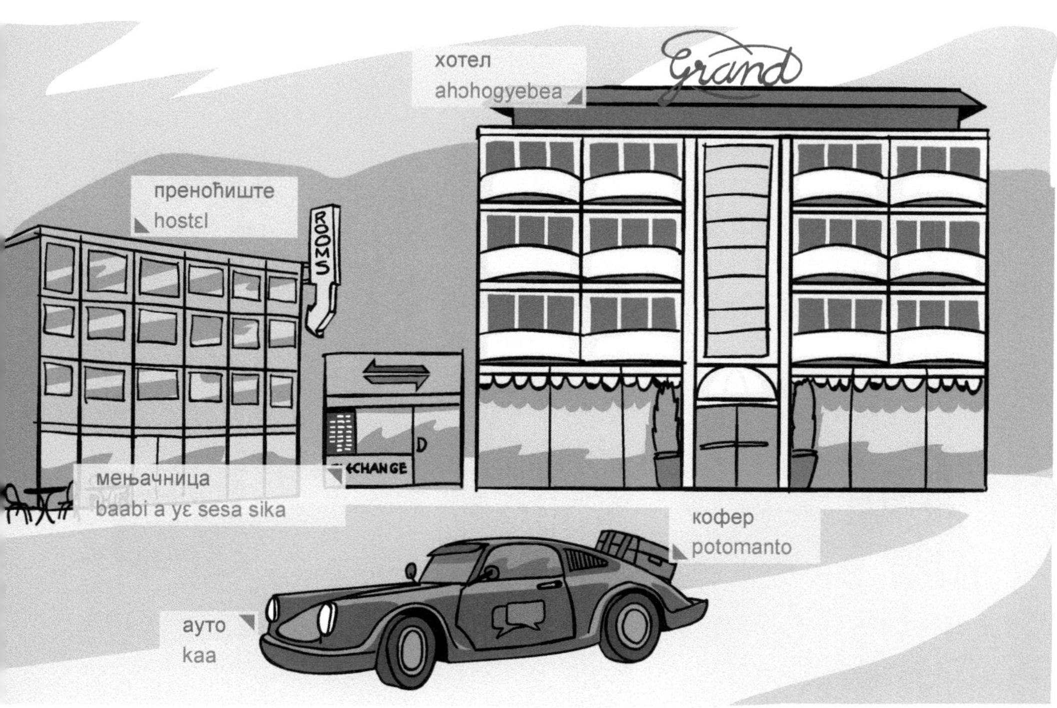

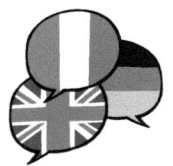

језик

kasa

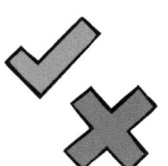

да / не

aane / dabi

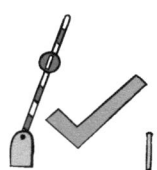

океј

Yoo

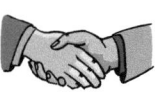

здраво

hɛlo

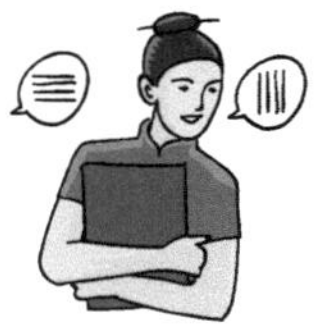

преводилац

kasa asekyerɛfoɔ

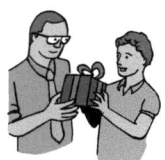

хвала

Medaase

Колико кошта...?

...bɔɔ yɛ sɛn?

не разумем

Me nte aseɛ

проблем

ɔhaw

добро вече!

Maadwo!

Добро јутро!

Maakye!

Лаку ноћ!

Dayie!

довиђења

baibai o

смер

akwankyerɛ

пртљага

wo nneɛma

торба

bɔtɔ

руксак

akyirebɔtɔ

гост

ɔhɔhoɔ

соба

danmu

врећа за спавање

bɔtɔ a yɛda mu

шатор

ntomadan

туристичке информације

nsɛm dema wɔn a wɔkɔ nsrahwɛ

плажа

mpoano

кредитна картица

kaade a yɛde yi sika

доручак

anɔpa aduane

ручак

awua aduane

вечера

anwumerɛ aduane

карта за вожњу

tiket

лифт

pegya

поштанска маркица

stamp

граница

ɛhyeɛ so

царина

kutɔmfoɔ

амбасада

embasi

виза

visa

пасош

passpɔt

транспорт

akɔneabadie

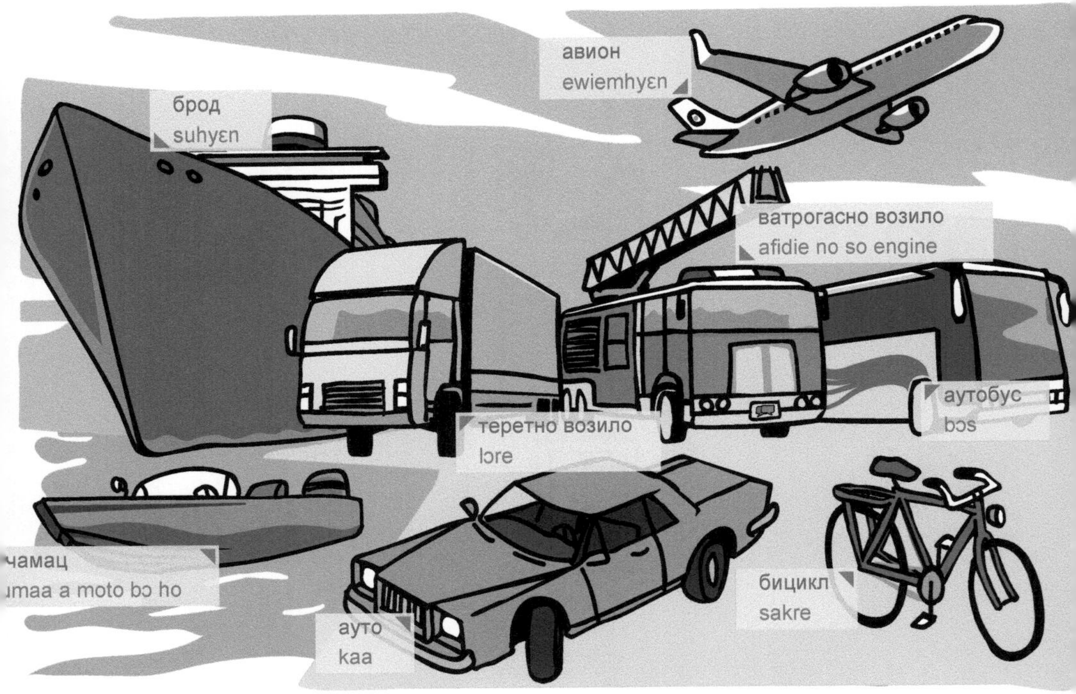

авион
ewiemhyɛn
брод
suhyɛn
ватрогасно возило
afidie no so engine
аутобус
bɔs
теретно возило
lɔre
чамац
maa a moto bɔ ho
бицикл
sakre
ауто
kaa

трајект

hyɛma

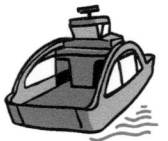

чамац

suhyɛn kumaa

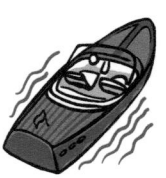

мотоцикл

motosakre

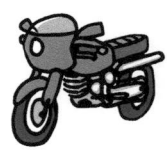

полицијски ауто

polisifoɔ kaa

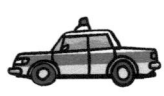

тркаћи ауто

kaa a ɛkɔ mirika akansie

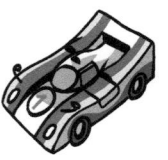

изнајмљено ауто

kaa a yɛde ma ahan

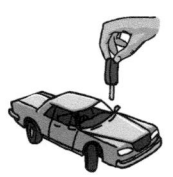

дељење аутомобила

wɔre kyɛ kaa

вучно возило

lɔre a asɛɛɛ

возило за одвоз смећа

bɔɔla kaa

мотор

moto

бензин

pɛtro

бензинска станица

baabi a yɛbu pɛtro

саобраћајни знак

trafik ahyɛnsodeɛ

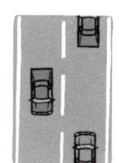

саобраћај

trafik

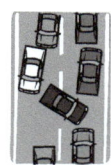

застој

trafik akye

паркиралиште

baabi a yɛde kaa esi

железничка станица

keteke gyinabea

шине

keteke kwan

воз

keteke

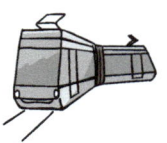

трамвај

tram

вагон

ponkɔ kaa

хеликоптер

helikopta

аеродром

ewiemhyɛnbea

кула

abansoro

путник

apasingyani

контејнер

tontowa

картон

adaka

колица

kaate

корпа

kɛntɛn

узлетети / слетети

atu / asi fam

град

kuro kɛseɛ

село

akurase

центар града

kuro dwaberɛ mu

кућа

efie

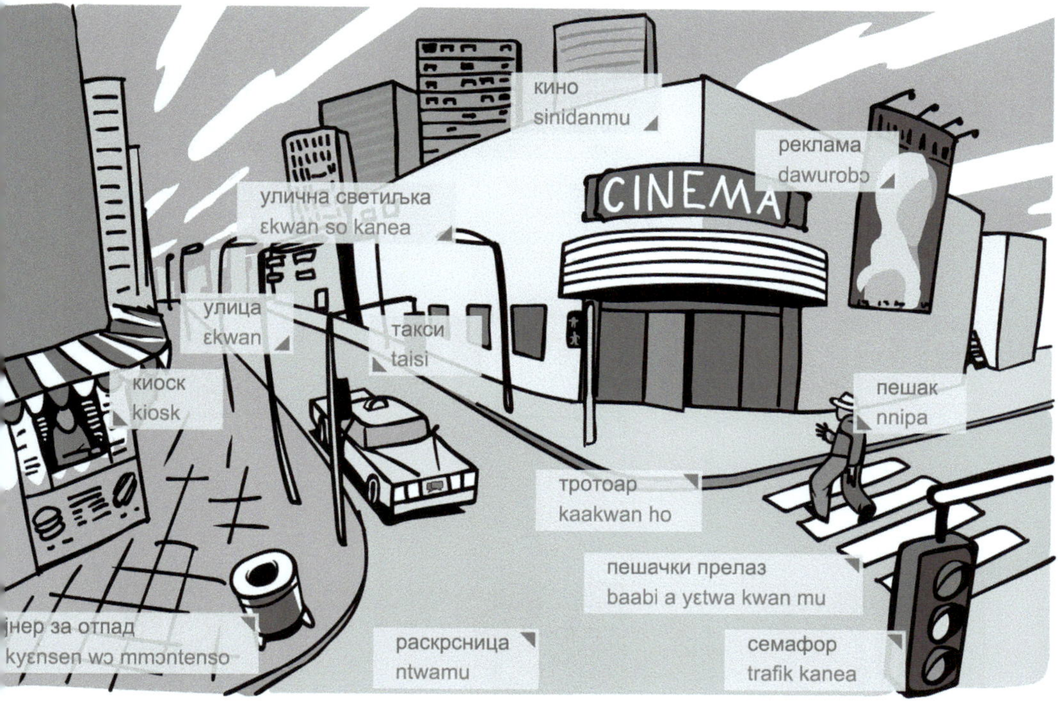

кино
sinidanmu

реклама
dawurobɔ

улична светиљка
ɛkwan so kanea

улица
ɛkwan

такси
taisi

CINEMA

пешак
nnipa

киоск
kiosk

тротоар
kaakwan ho

пешачки прелаз
baabi a yɛtwa kwan mu

јнер за отпад
kyɛnsen wɔ mmɔntenso

раскрсница
ntwamu

семафор
trafik kanea

колиба
apata

стан
efie

железничка станица
keteke gyinabea

већница
adwaberɛm

музеј
bea a yɛ kora tete nneɛma

школа
sukuu

универзитет

suapɔn

банка

sikakrobea

болница

ayaresabea

хотел

ahɔhogyebea

апотека

famasi

канцеларија

asoeɛ

књижара

sotɔɔ a wɔtɔn nwoma

продавница

sotɔɔ

цвећара

baabi yɛtɔn nhwiren

супермаркет

sotɔɔpɔn

трг

edwam

робна кућа

sotɔɔ kɛseɛ

рибарница

baabi a yɛtɔn mpataa

трговачки центар

dwadibea kɛseɛ

лука

suhyɛn gyinabea

парк

baabi kaa gyina

клупа

bɛnkye

мост

ɛtwene

степенице

atwedeɛ

подземна железница

asaase ase

тунел

ɛbɔn

аутобуска станица

baabi a bɔs gyina

бар

nsanombea

ресторан

adidibea

поштанско сандуче

lɛta adaka

улични знак

ɛkwan so akwankyerɛ

паркирни аутомат

baabi kaa gyina ho mita

зоолошки врт

zoo

базен

nsuo a yɛ dware mu

џамија

nkramodan

сеоско газдинство

afuo

загађење околине

dɛɛ egu mmɔnten so fi

гробље

asieɛ

црква

asɔre

игралиште

agodibea

храм

asɔre dan

пејсаж

mmɔnten so asiesie

лист
ahaban

путоказ
sanbɔd

пут
kwan

ливада
asaase a ɛsere wɔ so

камен
boba

шетач
ɔnantefoɔ

дрво
dua

река
asubɔnten

трава
ɛserɛ

цвет
nhwiren

долина

amenamu

планина

bepɔ

језеро

tadeɛ

шума

kwaeɛ

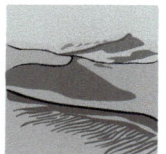

пустиња

ɛserɛ so

вулкан

egya a efri botan mu

дворац

abankɛseɛ

дуга

nyankontɔn

гљива

emere

палма

abɛtene

москито

ntomntom

мува

tu

мрав

ntɛtea

пчела

wowa

паук

ananse

буба

amankuo

жаба

apɔnkyerɛni

веверица

opuro

јеж

apɛsɛ

зец

adanko

сова

patuo

птица

anomaa

лабуд

nsuo mu dabodabo

дивља свиња

kɔkɔte

јелен

adoa

лос

ɔtweenini

насип

dam

ветрењача

wind turbine afidie

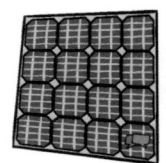

соларна плоча

afidie a ɛkye awia

клима

wiem nsakraeɛ

ресторан
adidibea

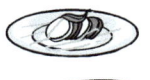

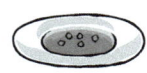

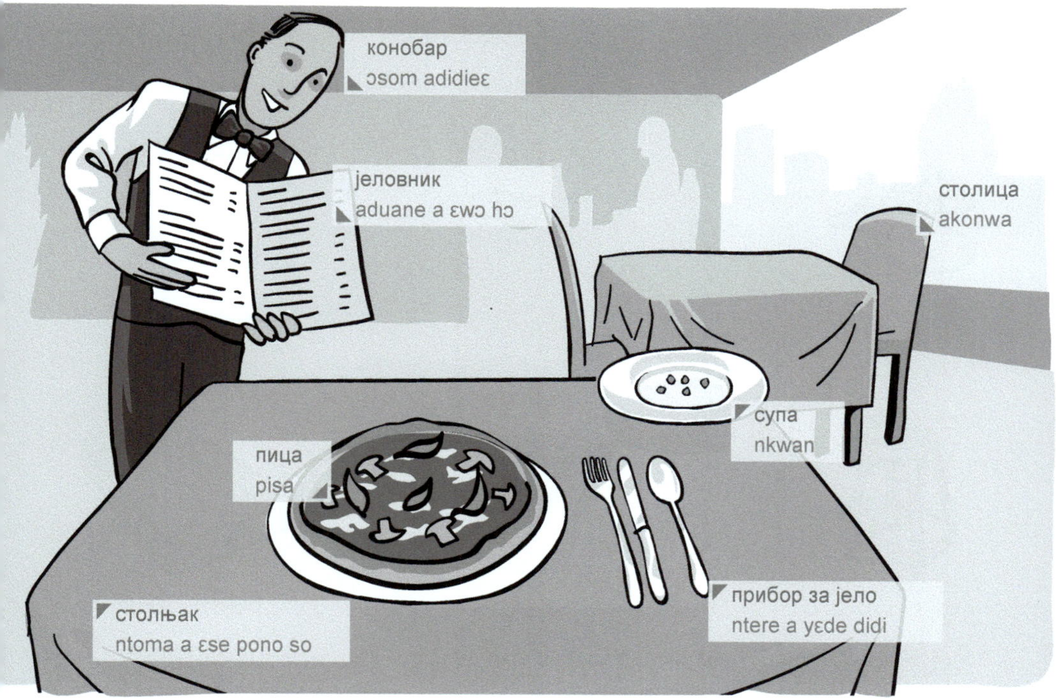
конобар
ɔsom adidieɛ
јеловник
aduane a ɛwɔ hɔ
столица
akonwa
супа
nkwan
пица
pisa
прибор за јело
ntere a yɛde didi
столњак
ntoma a ɛse pono so

предјело

mprampra anom

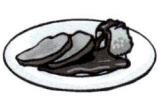

главно јело

aduane no ankasa

десерт

mpa anom

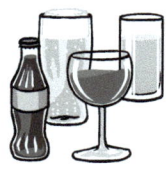

напитци

nsa

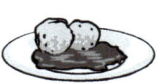

јело

aduane

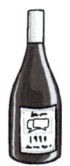

флаша

toa

брза храна

aduane hyewhyew

имбис храна

abɔnten so aduane

чајник

tii kukuo

доза за шећер

asikyire konko

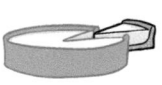

порција

wo kyɛfa

апарат за еспресо

espresso afidie

висока столица

akonwa tenten

рачун

wo ka

послужавник

apanpan

нож

sekan

виљушка

adinam

кашика

atere

чајна кашика

atere ketewa

салвета

napkin a yɛde pepa ano

чаша

glase

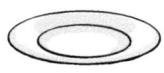

тањир

prɛte

тањир за супу

kwan kyɛnsee

тањирић

prɛte ketewa

сос

abomu

сољенка

nkyene kukuo

млин за бибер

yɛde yam mako

сирће

fenega

уље

anwa

зачини

aduhwam

кечап

kɛkyɔp

сенф

mustad

мајонеза

mayones

супермаркет

sotɔɔpɔn

понуда
ntesoɔ soronko
FOR
купац
adetɔfoɔ
млечни производи
nanatwie nufusuo
воће
aduaba
колица за куповину
hwiili

BUTCHERS

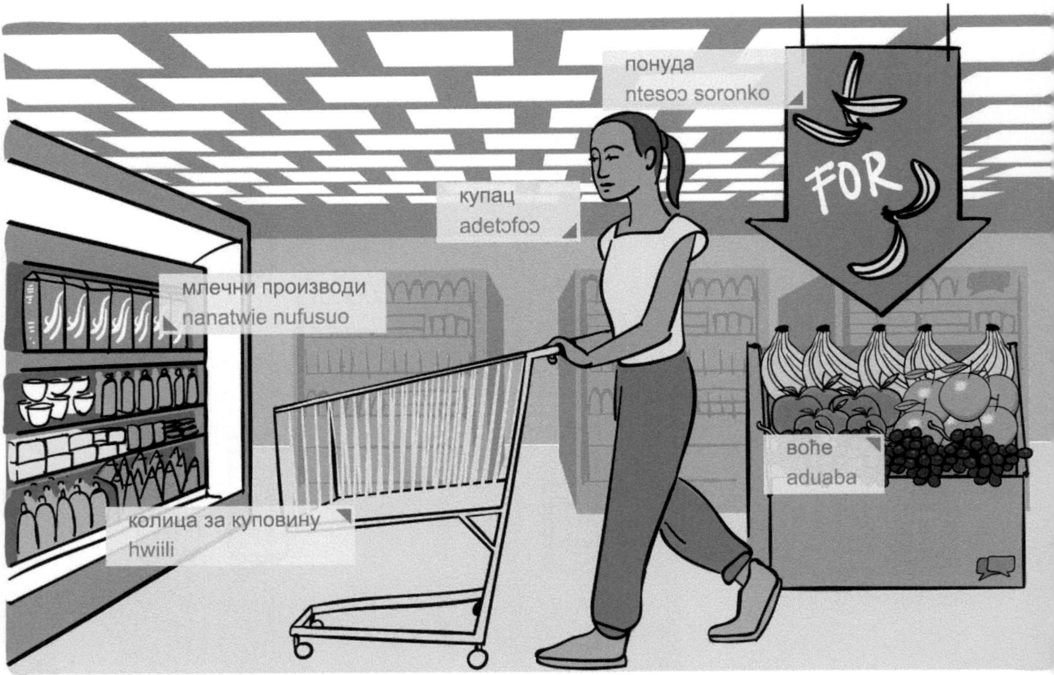

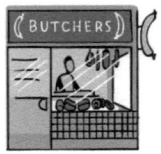

месница

baabi a yɛtɔn nam

BAKERY

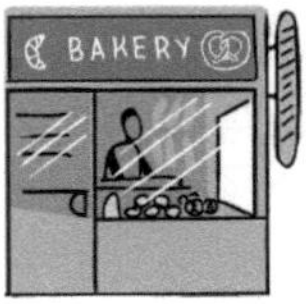

пекара

baabi a yɛtɔn paano

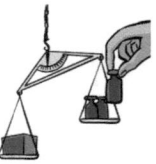

вагати

susu

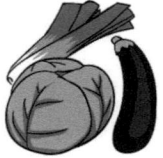

поврће

atosodeɛ

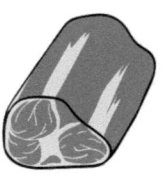

месо

nam

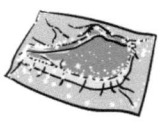

смрзнута храна

frigyemu aduane

нарезак

nam a adwoɔ

конзерве

kyɛnsee mu aduane

средство за прање

paoda samena

слаткиши

adedɔkodɔkɔ

артикли за домаћинство

efie nneɛma

средства за чишћење

adetoneɛ a yɛde pepa fin

продавачица

nnipa a ɔtɔn adeɛ

благајна

afidie a egye sika

благајник

ɔgyegye sika

листа за куповину

krataa a wodi rekɔ di dwa

време рада

berɛ a wɔde bua

новчаник

sikaboto

кредитна картица

kaade a yɛde yi sika

торба

baage

пластична кеса

rɔba baage

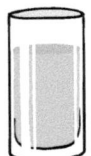

вода

nsuo

сок

aduaba mu nsuo

млеко

nufusuo

кола

kok

вино

wain nsa

пиво

biya

алкохол

mmorosa

какао

kokoo

чај

tii

кава

kofe

еспресо

espresso

капућино

kapukyino

банана

kwadu

јабука

apol

наранџа

ankaa

лубеница

melon

лимун

akutɔɔ

шаргарепа

karɔt

бели лук

garlik

бамбус

pampro

лук

gyeene

гљива

mmere

орашасти плодови

nkateɛ

резанци

talia

шпагете

spageti

рижа

ɛmo

салата

salad

помфрит

kyipis

печени крумпир

abrɔdwomaa a y'akye

пица

pisa

хамбургер

hambɔga

сендвич

sanwekye

шницла

nam a dompe nnim

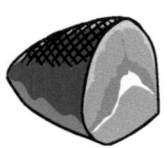

шунка

preko nam

салама

nam a y'ahata

кобасица

sɔsege

кокош

akokɔ

печење

toto

риба

apataa

зобене пахуљице

oosu koko

мусли

muesli

кукурузне пахуљице

konflese

брашно

esam

кроасан

krossant

пециво

paano a y'abobɔ

хлеб

paano

тоаст

paano a y'atoto

кекси

biskete

маслац

bɔta

свежи сир

nufusuo a ada

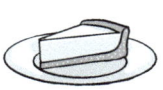

колач

keeke

jaje

kosua

jaje на око

kosua a y'akyeɛ

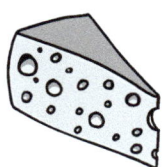

сир

kyiis

сладолед

asskrim

шећер

asikyire

мед

ɛwoɔ

мармелада

gyaam

нугат крема

kyokolete

кари

kɔri

сеоско газдинство

afuo

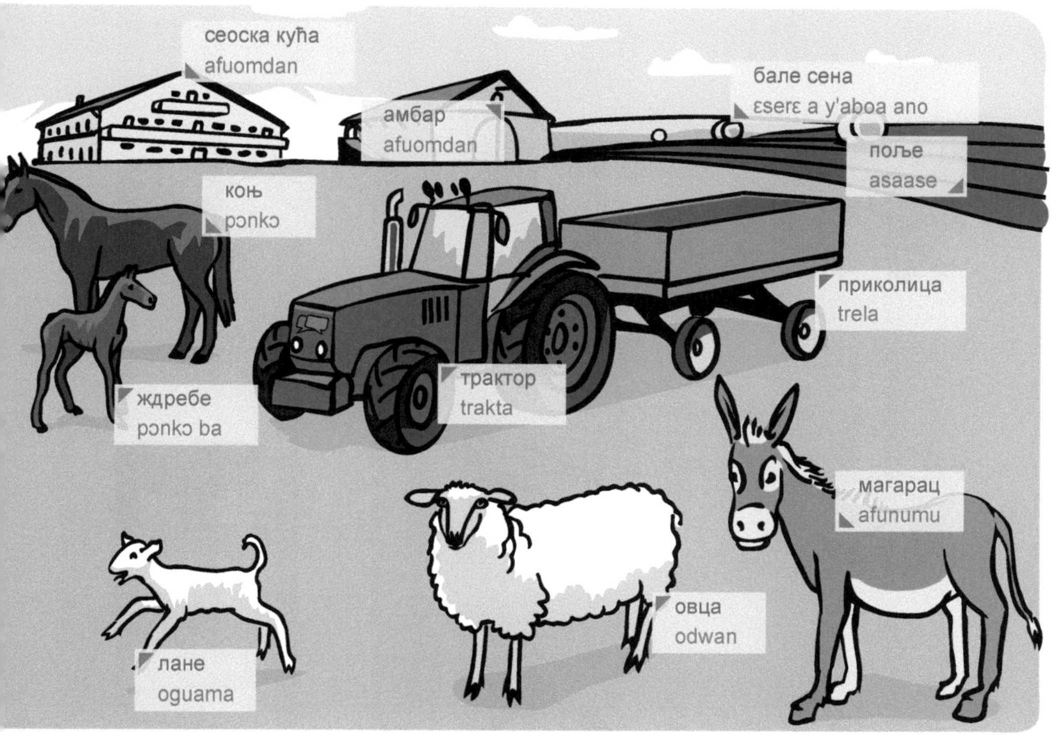

сеоска кућа
afuomdan
амбар
afuomdan
бале сена
ɛserɛ a y'aboa ano
поље
asaase
коњ
pɔnkɔ
приколица
trela
трактор
trakta
ждребе
pɔnkɔ ba
магарац
afunumu
овца
odwan
лане
oguama

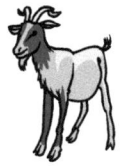

коза

apɔnkye

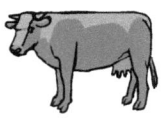

крава

nantwie

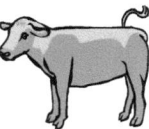

теле

nantwie ba

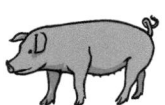

свиња

prɛko

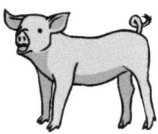

прасе

prɛko ba

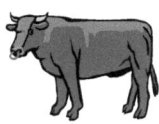

бик

nantwinini

гуска

dabodabo nua

патка

dabodabo

пилићи

akokɔba

кокош

akokɔbedeɛ

петао

akokɔnini

пацов

kusie

мачка

ɔkra

миш

akura

вол

nantwinini

пас

kraman

кућица за пса

kraman buo

вртно црево

afuom drobɛn

канта за поливање

tontora a yɛde gu nsuo

коса

sekan a yɛde twa aburo

плуг

funtum dadeɛ

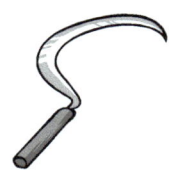

срп

kɔntɔnkrɔ

мотика

asɔ

виљушка за ђубриво

afuom adinam

секира

akuma

тачке

hweebaro

корито

adidika

посуда за млеко

nufusuo konko

врећа

bɔtɔ

ограда

ɛban

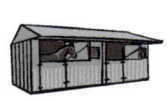

штала

pɔnkɔ dan

стакленик

ntomadan a yɛyɛ mu afuo

земља

anwea

семе

aba

ђубриво

ɔyɛ asaaseyie

комбајн

otwaberɛ trakta

жети
....
twa

жетва
....
otwaberɛ

јамс зачин
....
bayerɛ

пшеница
....
ayuo

coja
....
soya

крумпир
....
abrɔdwomaa

кукуруз
....
aburo

уљана репица
....
repu aba

воћка
....
dua a ɛso aba

гомољ маниоке
....
bankye

житарице
....
aburo asefoɔ

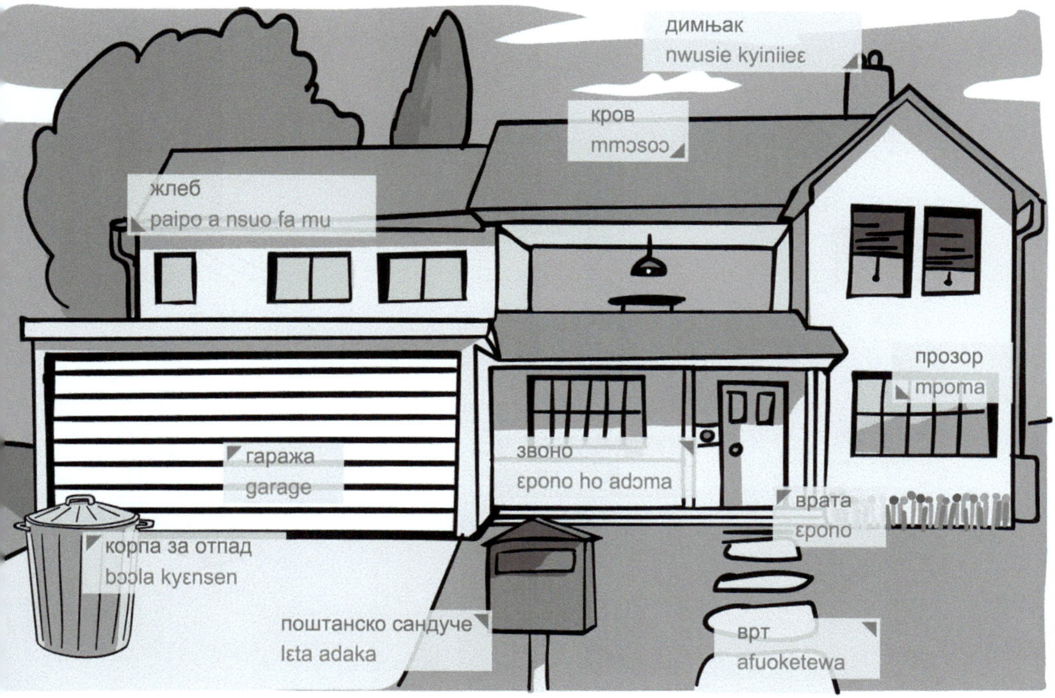

димњак
nwusie kyiniiεε

кров
ɔcεmm

жлеб
paipo a nsuo fa mu

прозор
mpoma

гаража
garage

звоно
εpono ho adɔma

врата
εpono

корпа за отпад
bɔɔla kyεnsen

поштанско сандуче
lεta adaka

врт
afuoketewa

дневна соба

asaso

купаоница

adwareε

кухиња

mukaase

спаваћа соба

pie mu

дечија соба

nkwadaa dan mu

трпезарија

dan a yεdidi mu

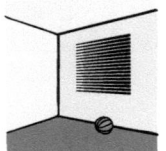

под

εfam

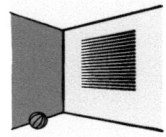

зид

εban

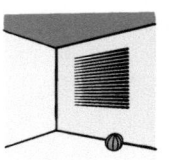

строп

abruuso

подрум

danbloo

сауна

adwereε a εbɔ ɔhyew

балкон

abranaa

тераса

abranaaso

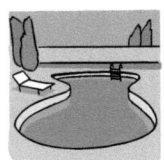

базен

nsuo a yεdware mu

косилица за траву

afidie a yεde dɔ

постељина за кревет

nsεfam

дека за кревет

ntoma a εse kεtε so

кревет

mpa

метла

prayε

канта

bokiti

прекидач

dane

дневна соба
asaso

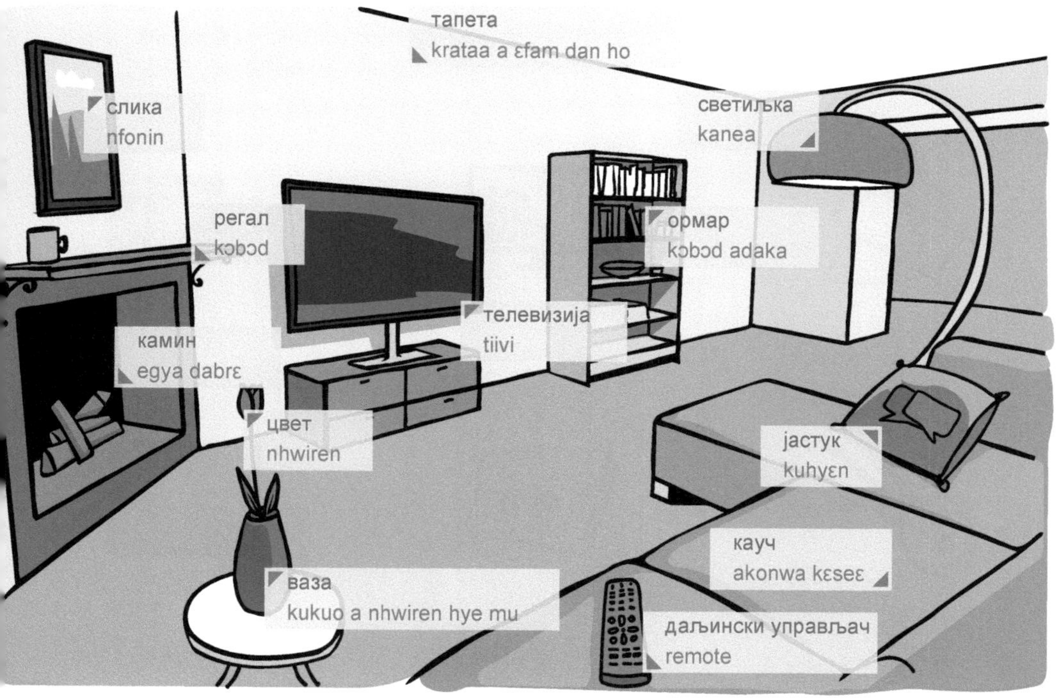
тапета
krataa a ɛfam dan ho
слика
nfonin
светиљка
kanea
регал
kɔbɔd
ормар
kɔbɔd adaka
телевизија
tiivi
камин
egya dabrɛ
цвет
nhwiren
јастук
kuhyɛn
кауч
akonwa kɛseɛ
ваза
kukuo a nhwiren hye mu
даљински управљач
remote

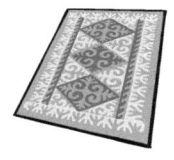

тепих
kapɛte

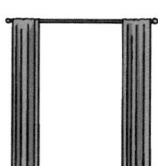

завеса
ntwaa dan mu

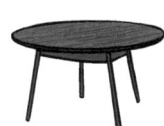

сто
ɛpono

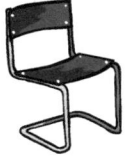

столица
akonwa

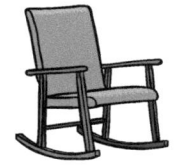

столица за њихање
akonwa a ehinhim

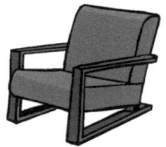

фотеља
akonwa a yɛgyegye dan

књига

nwoma

дека

kuntu

декорација

dan mu nsiesie

дрво за огрев

egya

филм

sini

хи-фи уређај

wailεs

кључ

safoa

новине

koowaa krataa

слика на платну

nfonin a y'adwi

постер

nfam danho

радио

radio

блок за писање

krataa a yε twere mu

усисивач

afidie a εprapra

кактус

kaktus

свећа

kyεnere

кухиња
mukaase

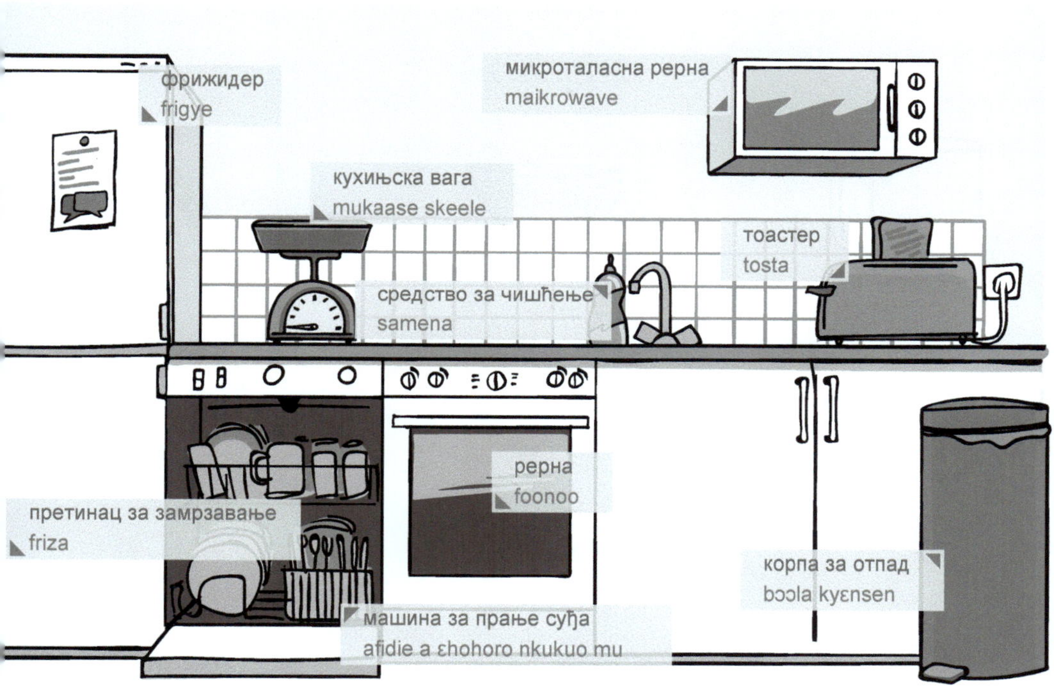

фрижидер
frigye
микроталасна рерна
maikrowave
кухињска вага
mukaase skeele
тоастер
tosta
средство за чишћење
samena
рерна
foonoo
претинац за замрзавање
friza
корпа за отпад
bɔɔla kyɛnsen
машина за прање суђа
afidie a ɛhohoro nkukuo mu

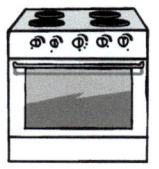

шпорет
abɛɛfo bukyea

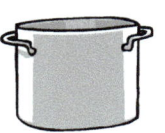

лонац
kokuo

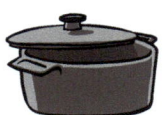

гвоздени лонац
dadesɛn

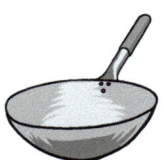

вок / кадаи
wok / kadai

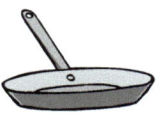

тава
kyɛnsee

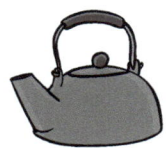

кувало за воду
nsuo hyeɛ afidie

кувало на пару

stiima

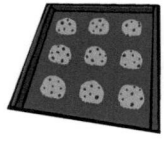

лим за печење

apa a yɛ to so adeɛ

посуђе

prɛte, kuruwa, ntere ne nea ɛkeka ho

чаша

kuruwa a etumi bɔ

посуда

kyɛnsee

штапићи за јело

nnua a yɛde didi

кутлача

kwantre

лопатица

dua atere

пењача

yɛde nu adeɛ mu

сито за кување

sɔneɛ

сито

fefe

рибеж

greta

мужар

waduro

роштиљ

kyinkyinga

огњиште

bukyea

даска

εpono a yε twitwaso adeε

оклагија

εta

вадичеп

deε yεtu nsa so

конзерва

konko

отварач конзерви

deε yεde bue konko so

крпа за лонац

yεde sɔ kukuo mu

судопер

sink

четка

brɔhye

сунђер

sapɔ

миксер

aduane yam fidie

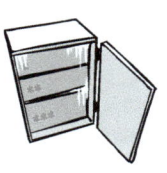

замрзивач

friza nini

флашица за бебе

toa a abɔdoma nom ano

славина за воду

paipo

купаоница

adwareɛ

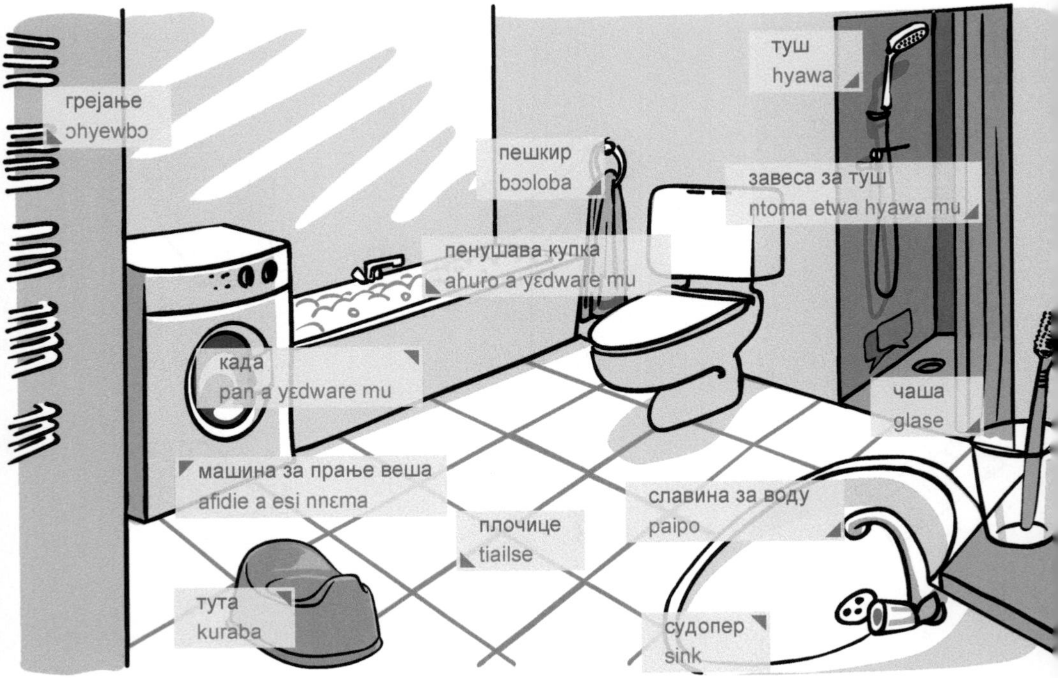

грејање
ɔhyewbɔ
туш
hyawa
пешкир
bɔɔloba
завеса за туш
ntoma etwa hyawa mu
пенушава купка
ahuro a yɛdware mu
када
pan a yɛdware mu
чаша
glase
машина за прање веша
afidie a esi nnɛma
славина за воду
paipo
плочице
tiailse
тута
kuraba
судопер
sink

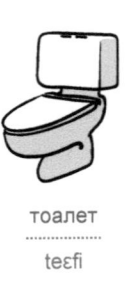

тоалет

teɛfi

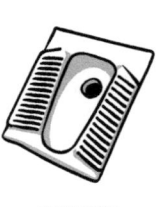

чучавац

teɛfi a yɛ koto so

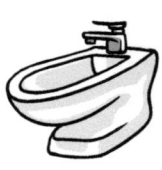

бидет

bidet teɛfi

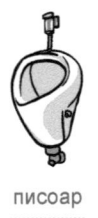

писоар

dwonsɔ dan

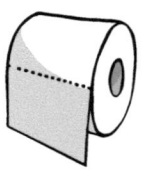

тоалетни папир

teɛfi so krataa

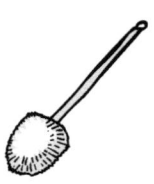

четка за тоалет

teɛfi so brɔhye

четкица за зубе

brɔhye a yɛde twitwiri see

паста за зубе

aduro a yɛde twitwiri see

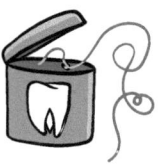

конац за зубе

yɛde yiyi ɛsee mu

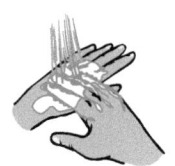

прати

si

туш ручица

hyawa a yɛsɔ mu

туш за прање интимних делова

paipo a yɛde hohoro ananmu

лавор

bokiti

четка за прање леђа

brɔhye a wode dware w'akyi

сапун

samena

гел за тушираље

hyawa samena

шампон

nsuo samena

крпа за праље

flanɛl ntoma

одвод

baabi a nsu fa pue

крема

nku

дезодоранс

yɛde fefa amotoamu

огледало

ahwehwɛ

козметичко огледало

ahwehwɛ a yɛsɔ mu

бријач

bled

пена за бријање

ahuro a yɛde yi nwi

лосион за после бријања

aduro a yɛde fefa baabi a
wo ayi nwi

чешаљ

afen

четка

brɔhye

фен за косу

afidie a ɛwo nwi

спреј за косу

enwi sopre

шминка

pɔns

руж за усне

lipstike

лак за нокте

penti a yɛde mɔreɛ so

вата

asaawa

маказе за нокте

apasɔɔ a etwa mmɔreɛ

парфем

aduhwam

козметичка торбица

adwareɛ baage

столица

edwa

вага

skele

огртач

adwereɛ ataadeɛ

рукавице за чишћење

rɔba a yɛde hyɛ nsa ho

тампон

tampon

уложак

abɛɛfo amonsen

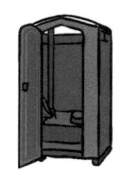

хемијски тоалет

teɛfi a aduro gum

дечија соба

nkwadaa dan mu

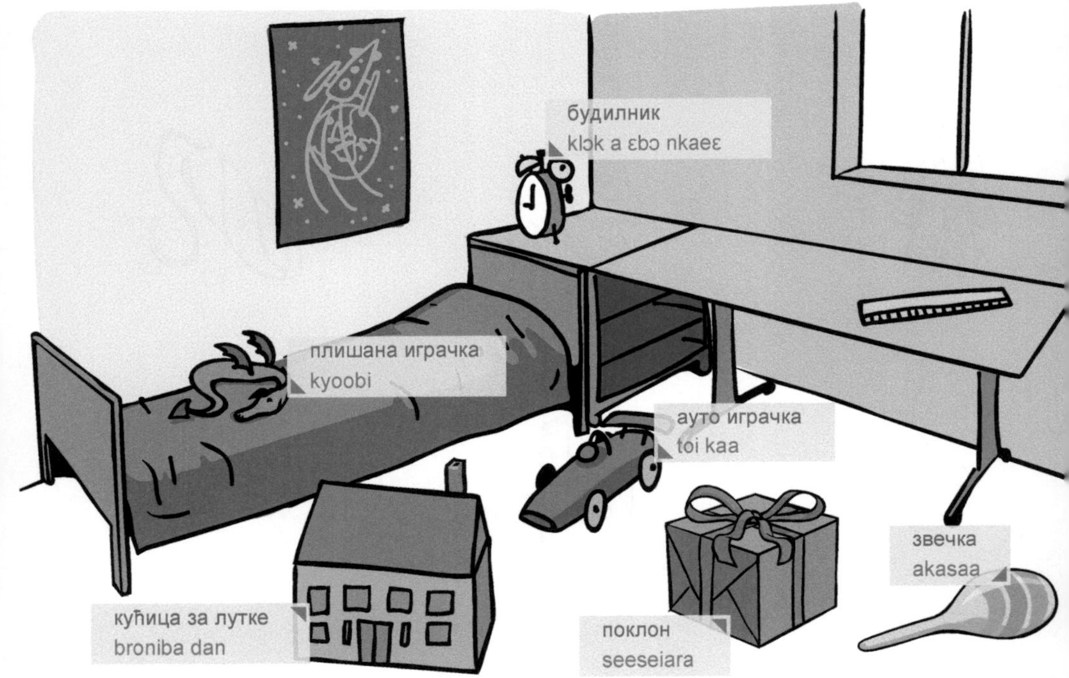
будилник
klɔk a ɛbɔ nkaeɛ
плишана играчка
kyoobi
ауто играчка
toi kaa
звечка
akasaa
кућица за лутке
broniba dan
поклон
seeseiara

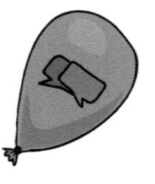

балон

baaluu

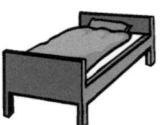

кревет

mpa

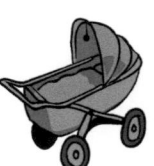

дјечија колица

nkwadaa kaa

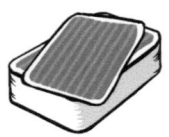

игра са картама

sopaa

слагалица

gyiksɔɔ

SUPER MEGA

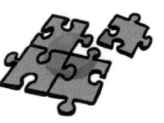

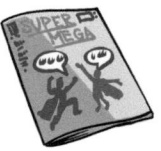

стрип

nsɛnkwa

лего коцкице

lego blɔg

коцкице за слагање

blɔg a yɛde si dan

акциони јунак

nnipa ɔbɔhye

бенкица за бебе

abɔdoma ataadeɛ

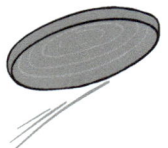

фризби

frisbee

висеће играчке

mobail

друштвене игре

ponoso agodie

коцка

daahye

минијатурна жељезница

nkwadaa keteke

дуда

koliko

забава

apontoɔ

сликовница

nfonin nwoma

лопта

bɔɔlo

лутка

broniba

играти

di agorɔ

пешчаник

anwea adaka

љуљачка

adonko

играчка

tois

конзола за игре

video agodie apaawa

трицикл

sakre a ne nan mɛɛnsa

теди

kyoobi

ормар

wɔdropo

одећа

ntaadeɛ

кратке чарапе

sɔks

чарапе

stokens

хулахопке

sekentait

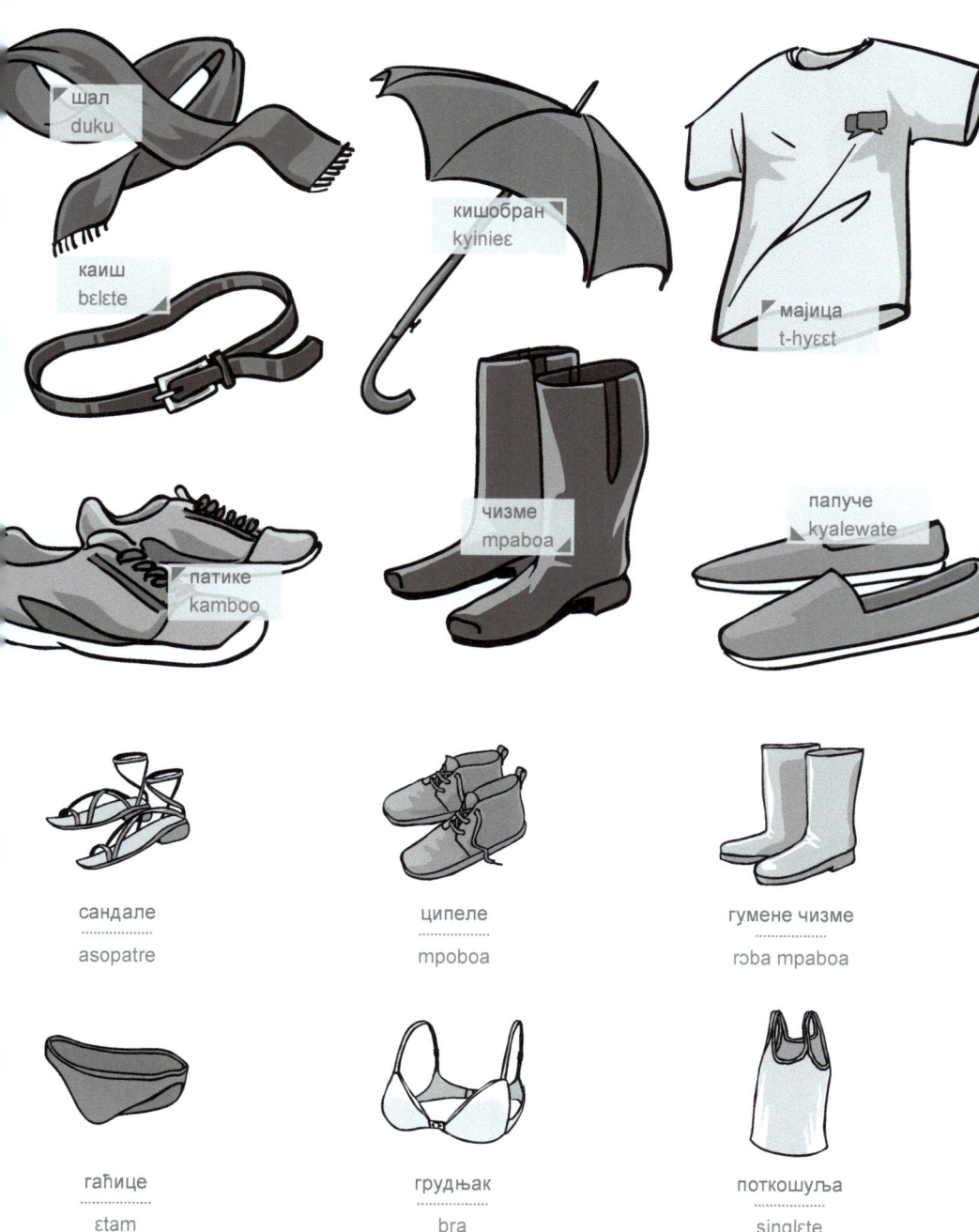

шал
duku

кишобран
kyinieɛ

мајица
t-hyɛɛt

каиш
bɛlɛte

чизме
mpaboa

папуче
kyalewate

патике
kamboo

сандале
asopatre

ципеле
mpoboa

гумене чизме
rɔba mpaboa

гаћице
ɛtam

грудњак
bra

поткошуља
singlɛte

одећа - ntaadeɛ

боди

nipadua

панталоне

trɔsa

фармерке

gyins

сукња

sekɛɛt

блуза

ɛsoro ataadeɛ

кошуља

hyɛɛte

џемпер

nkatoho a ɛko awɔ

џемпер с капуљачом

hoodie

сако

koot

јакна

nkatasɔɔ

мантил

nkatasɔɔ

кабаница

nsutɔ mu nkataho

костим

dwumadie bi ho ataadeɛ

хаљина

mmaa atadeɛ

венчаница

ayefrɔ ataadeɛ

одело

kootu

спаваћица

mmaa ataadeɛ a yɛde da

пиџама

pigyamas ataadeɛ

сари

sari

марама за главу

duku

турбан

abotire

бурка

burka

кафтан

kaftan

абаја

nkramofoɔ mmaa atadeɛ

купаћи костим

taadeɛ a yɛde dware nsuo

купаће гаћице

asenemu ataadeɛ

кратке панталоне

nika

одећа за тренинг

agokansie ntaadeɛ

кецеља

akatasoɔ

рукавице

nsa nkataho

дугме

botom

наочаре

sopɛɛse

наруквица

ahwneɛ

огрлица

komadeɛ

прстен

kawa

наушница

asomadeɛ

капа

ɛkyɛ

вешалица

yɛde koot sɛn so

шешир

ɛkyɛ

кравата

abɔmene mu

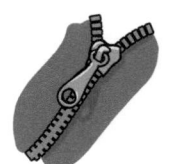

патент затварач

zip

кацига

ɛkyɛ denden

нараменице

bresis

школска униформа

sukuu ataadeɛ

униформа

adwuma ataadeɛ

одећа - ntaadeɛ

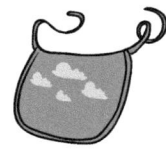

подбрадак

mmɔfra bib

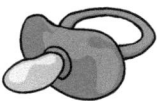

дуда

koliko

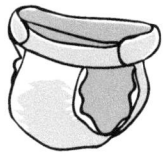

пелена

nkwadaa napken

канцеларија

asoeɛ

сервер
sɛɛva
ормар за списе
kabenɛt
штампач
printa
папир
krataa
монитор
monita
миш
Maws
писаћи стол
ɛpono a yɛyɛ so adwuma
мапа
nhyemu
тастатура
ntwerɛɛɛ pono
ра за папир
a yɛde krataa nwura gu mu
компјутер
komputa
столица
akonwa

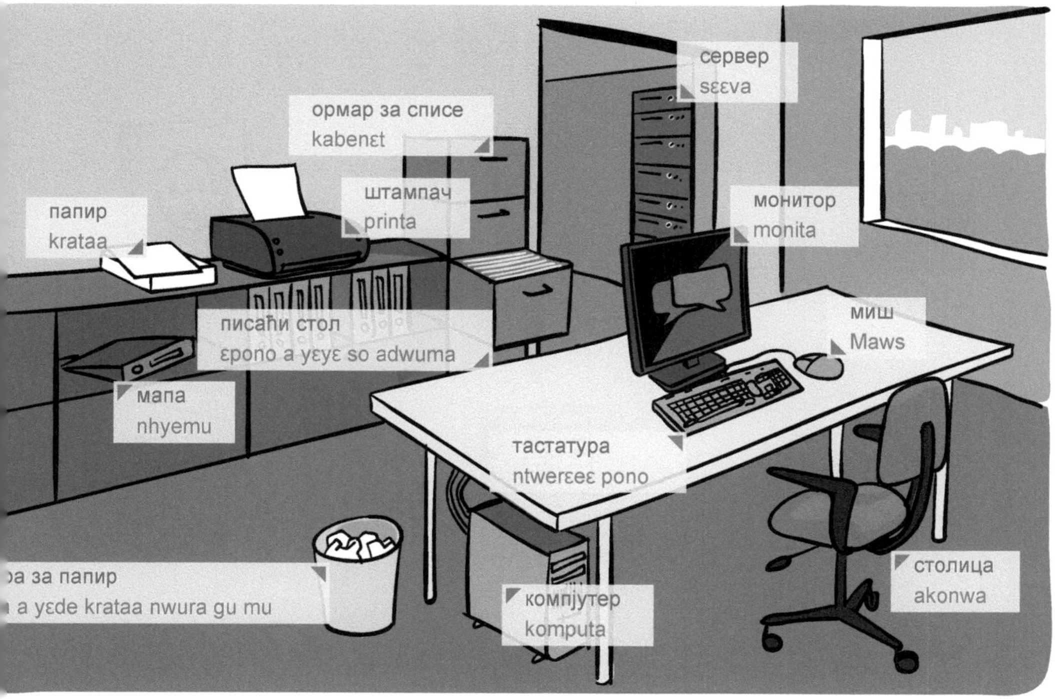

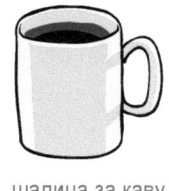

шалица за каву

kɔfe kuruwa

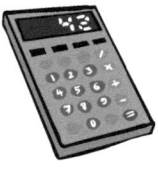

калкулатор

akontabuo fidie

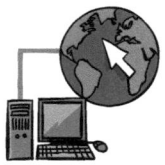

интернет

intanɛt

лаптоп

laptop

писмо

lɛta

порука

nkratɔɔ

мобилни телефон

mobail kasafidie

мрежа

nɛtwɛke

уређај за копирање

fotokɔpi

софтвер

softwɛɛ

телефон

tetefon

утичница

sɔkɛt

факс

faks afidie

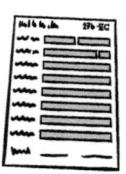

формулар

katraa

документ

nkrataa

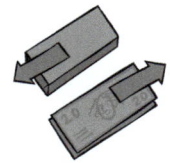

куп하vати

куповати

tɔ

платити

tua

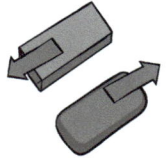

трговати

di dwa

новац

sika

 **USD**

долар

dollar

 **EUR**

евро

euro

 **JPY**

јен

yen

 **RUB**

рубља

rubel

 **CHF**

швајцарски франак

Swiss franks

 **CNY**

ренминдби јуан

renminbi yuan

 **INR**

рупија

rupii

аутомат за новац

baabi yɛtua sika

мењачница

baabi a yɛ sesa sika

злато

sika kɔkɔɔ

сребро

dwetɛ

нафта

now

енергија

ahoɔden

цена

ne boɔ

уговор

kontragye

порез

ɛtoɔ

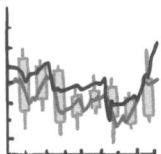

деонице

stɔk

радити

adwuma

службеник

adwumayɛni

послодавац

adwumawura

фабрика

mfididwuma mu

продавница

sotɔɔ

занимања

nwuma ahodoɔ

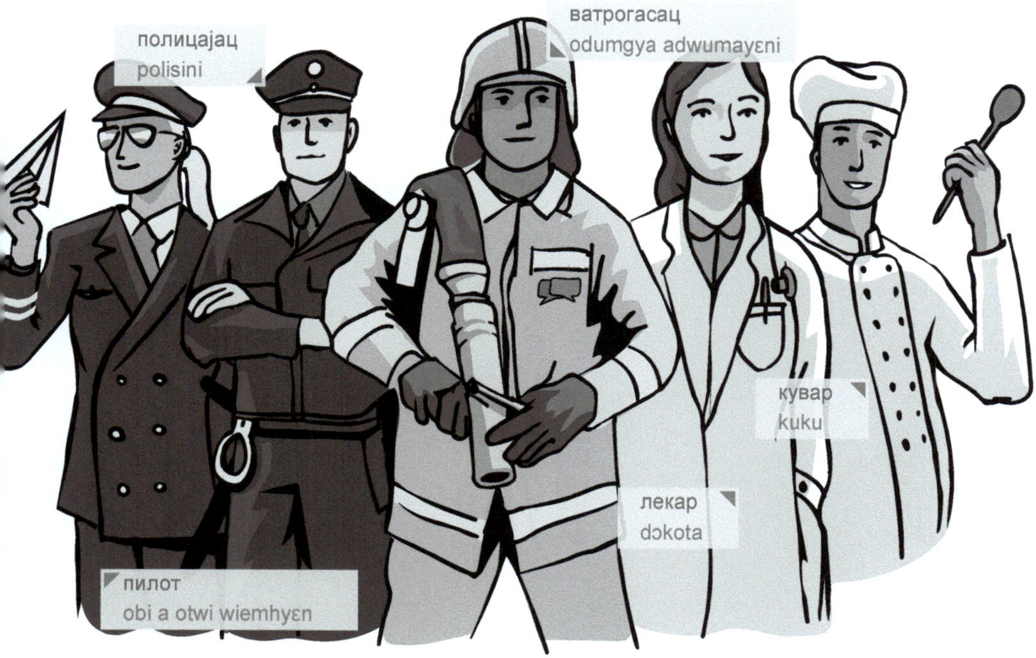
полицајац
polisini
ватрогасац
odumgya adwumayɛni
кувар
kuku
лекар
dɔkota
пилот
obi a otwi wiemhyɛn

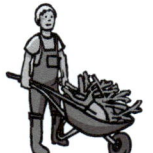

вртлар

ɔyɛ afuo

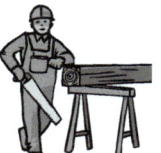

столар

dua dwomfoɔ

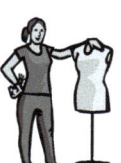

кројачица

adepani baa

судија

atɛnmuafoɔ

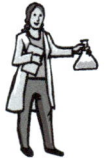

хемичар

ɔtɔn nnuro

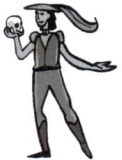

глумац

sini yɛfoɔ

возач аутобуса

bɔs drɔba

возач таксија

taisi drɔba

рибар

ɔpofoɔ

чистачица

ɔbaa a osiesie fie

кровопокривач

ɔbɔdanso

конобар

ɔsom adidieɛ

ловац

ɔofomɔd

сликар

penta

пекар

ɔto paano

електричар

ɔyɛ nkaneɛ ho adwuma

грађевински радник

ɔdansifoɔ

инжењер

inginia

месар

ɔdwa nam

лимар

plɔmba

поштар

krataa manefoɔ

војник

sogyani

архитекта

ɔdwi adan

благајник

ɔgyegye sika

цвећар

ɔtɔn nhwiren

фризер

ɔyɛ tire

кондуктер

meeti

механичар

fitani

капетан

nnipa a otwi suhyɛn

зубар

ɛsee dɔkota

научник

abɔdeɛ mu nimdefoɔ

раби

rabi

имам

kramo panin

монах

ɔsɔfo

свећеник

osɔfo

алати
anwenade

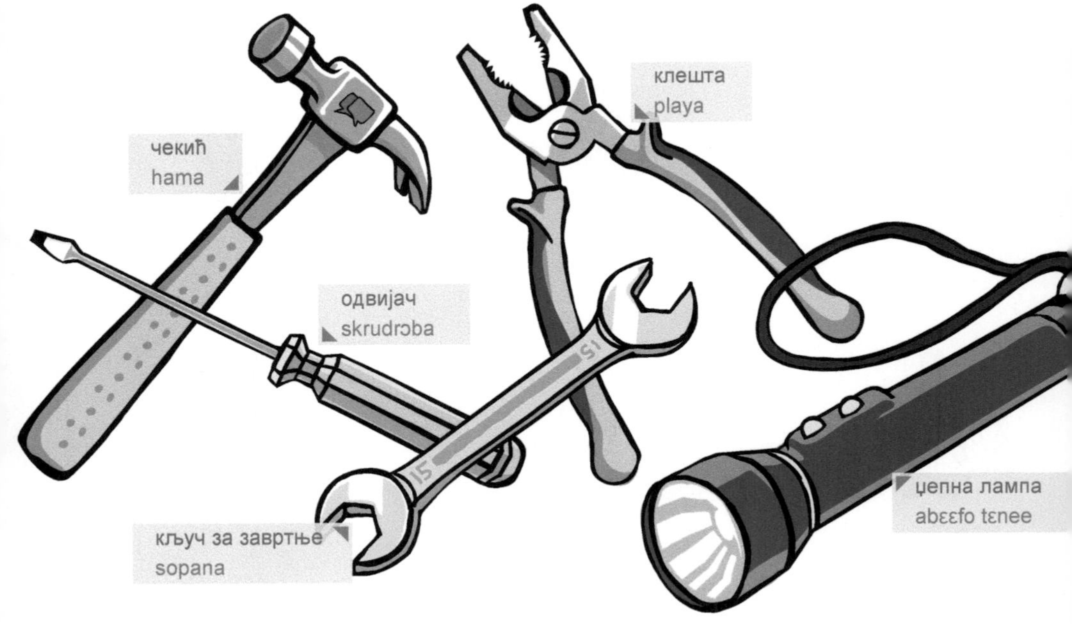

клешта
playa
чекић
hama
одвијач
skrudrɔba
цепна лампа
abɛɛfo tɛnee
кључ за завртње
sopana

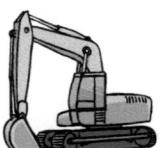

багер

otu amena

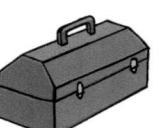

кутија за алат

anwenade adaka

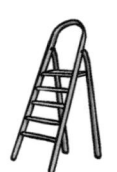

мердевине

atwedeɛ

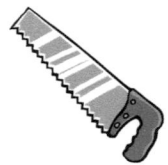

пила

asradaa

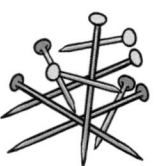

ексер

nnadewa

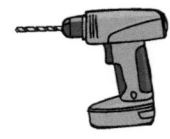

бушилица

afidie a yɛde bɔne tokro

поправити

siesie

лопата

sofi

до ђавола!

Ebei!

лопатица

asanwura

лонац за боју

penti kukuo

завртањи

skruu

музички инструмент

nneɛma a yɛde bɔ nwom

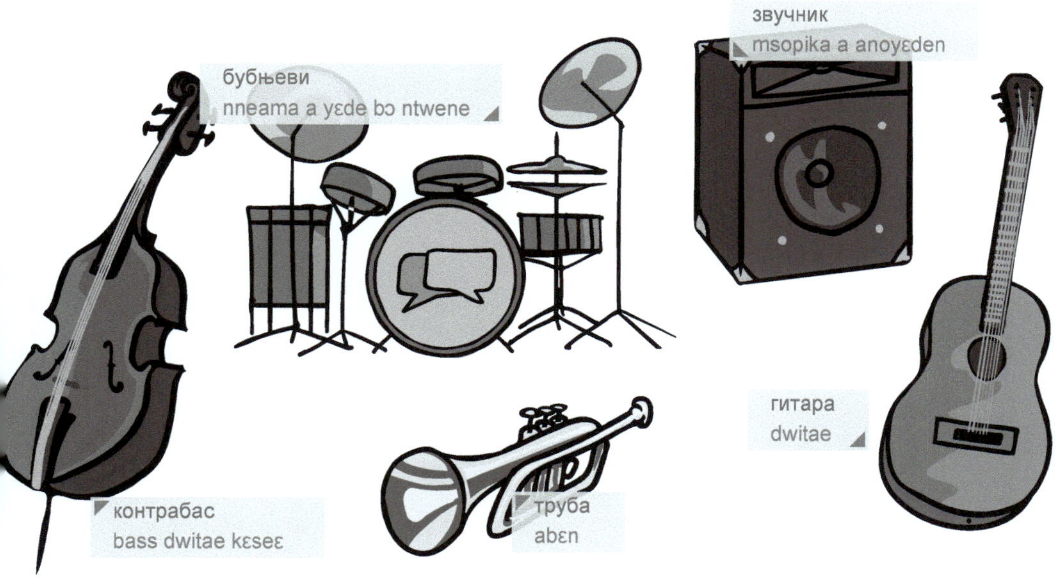

звучник
msopika a anoyɛden

бубњеви
nneama a yɛde bɔ ntwene

гитара
dwitae

контрабас
bass dwitae kɛseɛ

труба
abɛn

клавир

sankuo

виолина

ahoma sankuo

бас

bass dwitae

тимпани

atumpan

удараљке за бубњеве

ntwene

типке клавира

ntwerɛɛ apa

саксофон

saksofon

флаута

atentenbɛn

микрофон

maikrofon

зоолошки врт

zoo

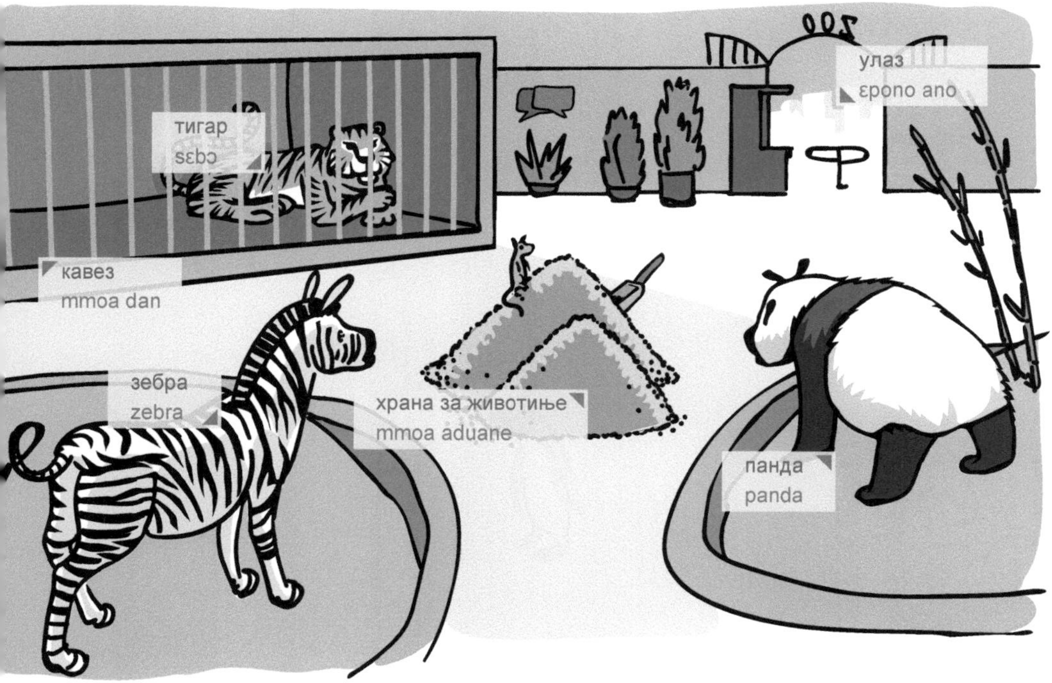

тигар
ɔsebɔ
улаз
ɛpono ano
кавез
mmoa dan
зебра
zebra
храна за животиње
mmoa aduane
панда
panda

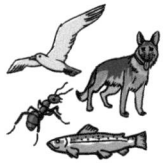

животиње

mmoa

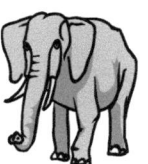

слон

ɔsono

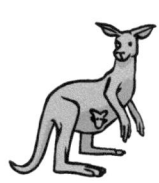

кенгур

kangaru

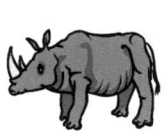

носорог

raino

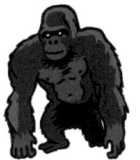

горила

akatea

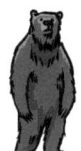

медвед

sisire

камила

afunupɔnkɔ

ној

sohori

лав

gyata

мајмун

adwee

фламинго

flamingo

папагај

ako

поларни медвед

awɔ mu sisire

пингвин

penguin

ајкула

oboodede

паун

akɔkonini abankwa

змија

wɔwɔ

крокодил

dɛnkyɛm

чувар у зоолошком врту

nnipa ɛhwɛ zoo so

туљан

nsuo mu gyata

јагуар

sebɔ

пони

pɔnkɔ ba

леопард

etwie

нилски коњ

susuono

жирафа

kɔntenten

орао

ɔkɔdeɛ

дивља свиња

kɔkɔte

риба

apataa

корњача

sudandan

морж

walrus

лисица

sakraman

газела

ɔtwee

спорт

agokansie

амерички ногомет
Amerikafɔɔ futbɔɔlo

бициклизам
skrɛ twie

тенис
tennis

кошарка
basketbɔɔlo

пливање
nsuom adwareɛ

бокс
akutruku

хокеј на леду
asukɔkyea so hɔki

фудбал
futbɔl

бадминтон
badmintin

атлетика
mirikatuo

рукомет
bɔɔlo a yɛde nsa bɔ

скијање
skii

поло
polo

скочити
huri

загрлити
bam

смејати се
sere

ићи
nante

певати
to dwom

молити се
bɔ mpaeɛ

пољубити
fe ano

сањати
so daeɛ

писати
twerɛ

цртати
dwi

показати
kyerɛ

гурати
pia

дати
ma

узети
fa

имати

nya

чинити

yɛ

бити

yɛ

стојати

gyina

трчати

tu mirika

повлачити

twe

бацити

to

падати

tɔ fam

лежати

da hɔ

чекати

twɛn

носити

soa

седити

tenase

облачити

hyɛ ataadeɛ

спавати

da

пробудити се

nyane

гледати

hwɛ

плакати

su

миловати

san ho

чешљати

nunum

говорити

kasa

разумети

te aseɛ

питати

bisa

слушати

tie

пити

nom

јести

didi

поспремити

yɛ nsiesie

волети

ɔdɔ

кухати

noa

возити

twi

летети

tu

пловити

fa nsuo so

рачунати

sese

читати

kenkan

учити

sua

радити

adwuma

венчати се

ware

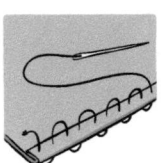

шити

pam

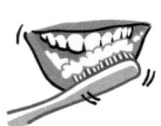

прати зубе

twitwiri wo se

убити

kum

пушити

nom gyɔt

послати

mane

бака
nana baa

деда
nana barima

отац
papa

мајка
maame

беба
abɔdoma

кћерка
ba baa

син
ba barima

гост

cohcoɔ

тетка

sewaa

ујак, стриц

wɔfa

брат

nua barima

сестра

nua baa

тело

nipadua

чело
moma
око
ani
раме
abɛtire
прст
nsatea
лице
anim
брада
apantan
рука
nsa
нога
ɛnan
груди
nufoɔ
рука
nsa

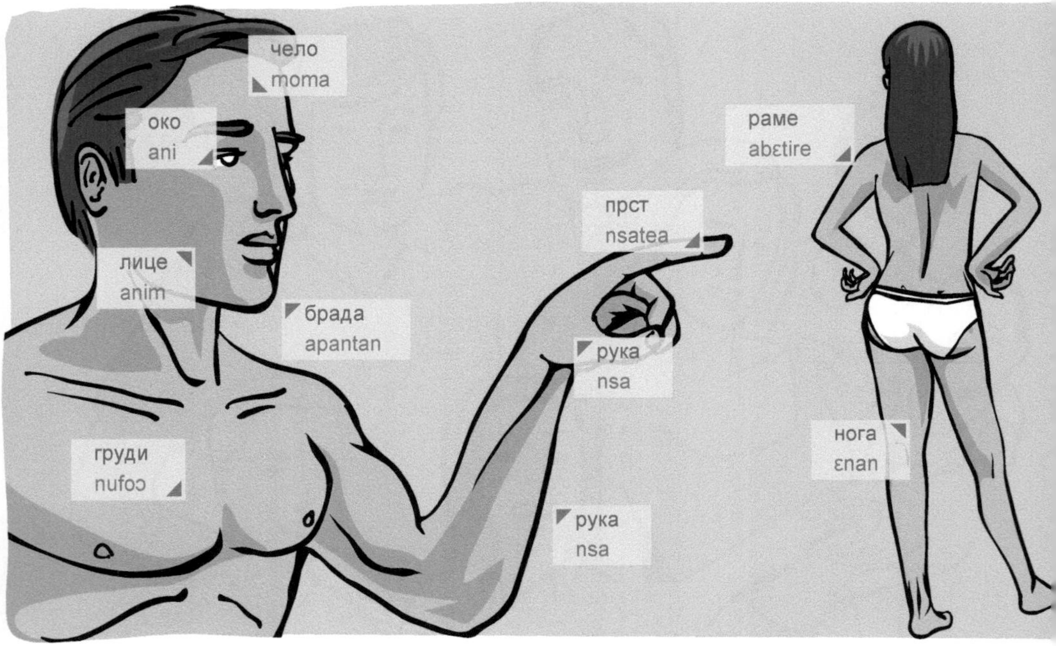

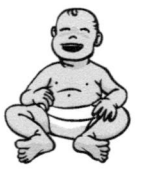

беба

abɔdoma

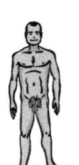

мушкарац

barima

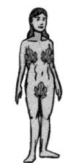

жена

ɔbaa

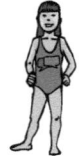

девојчица

abayewa

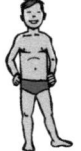

дечак

abarimawa

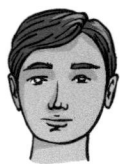

глава

etire

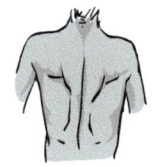

лећа

akyi

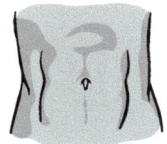

стомак

afro

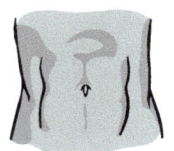

пупак

fruma

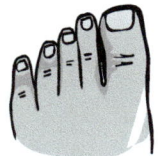

ножни прст

nansoa

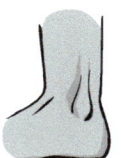

пета

nantini

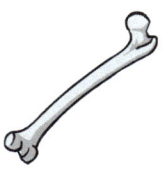

кост

dompe

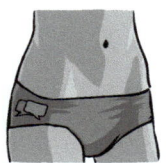

кукови

ataasɔ

колено

kotodwe

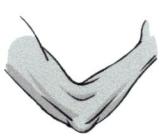

лакат

abatwɛ

нос

ɛhwene

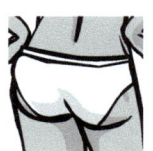

задњица

ɛtoɔ

кожа

wedeɛ

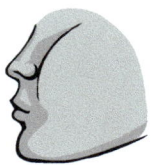

образ

afono

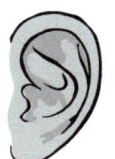

уво

aso

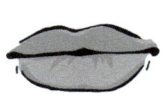

усна

ano

уста

anom

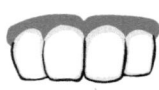

зуб

ɛsee

језик

tɛkyerɛma

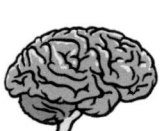

мозак

adwene

срце

akoma

мишић

ntini

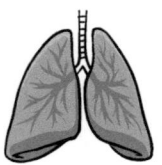

плућа

aharawa

јетра

brɛbɔɔ

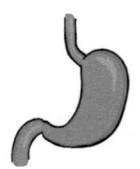

желудац

yafunu

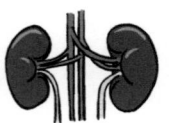

бубрези

asaa

полни однос

nna

кондом

kɔndɔm

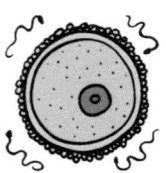

јајна ћелија

ɔbaa nkosua

сперма

barima ho nsuo

трудноћа

nyinsɛn

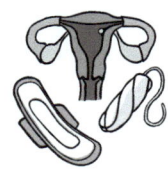

менструација

nsabuo

вагина

ɛtwɛ

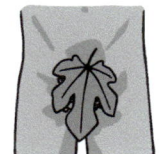

пенис

kɔteɛ

обрва

anintɔn

коса

enwin

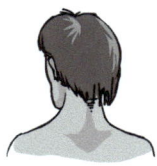

врат

ɛkɔn

болница
ayaresabea

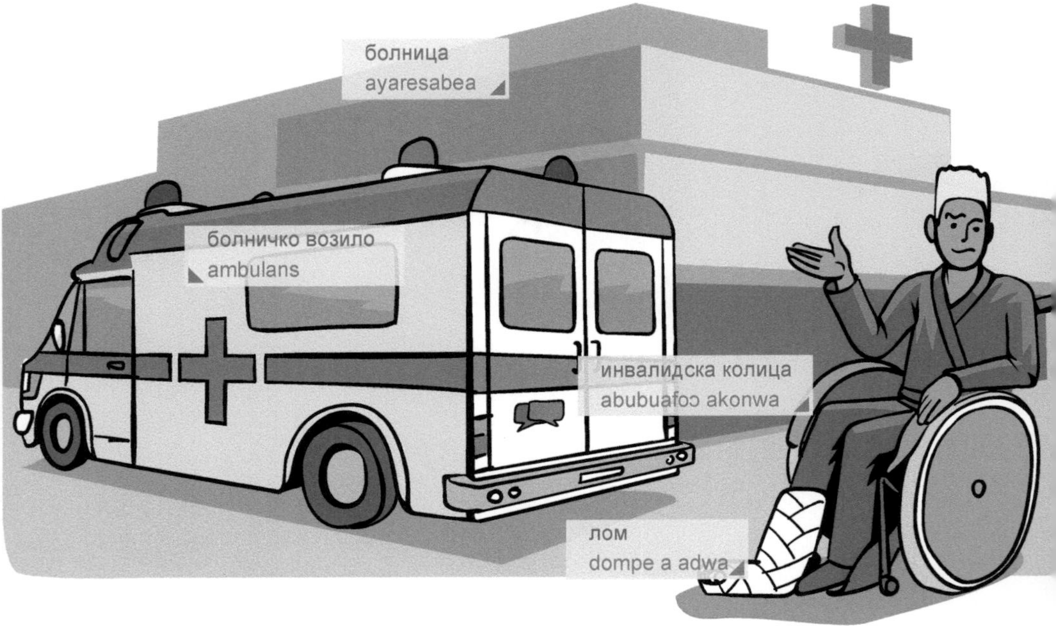

болница
ayaresabea
болничко возило
ambulans
инвалидска колица
abubuafoɔ akonwa
лом
dompe a adwa

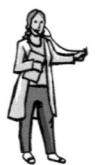

лекар

dɔkota

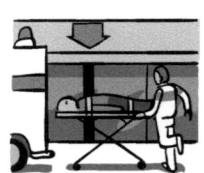

хитна медицинска служба

ɛdan a wɔde putupru nsɛm kɔmu

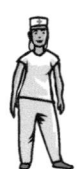

медицинска сестра

nɛɛse

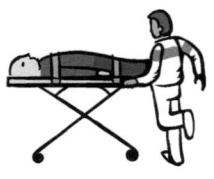

хитни случај

putupru

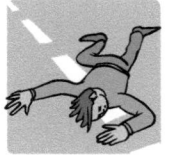

несвест

wɔ atwa ahwe

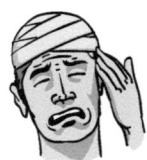

бол

yea

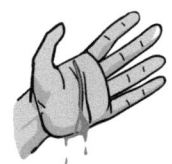

повреда

epira

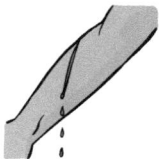

крварење

mogyatuo

срчани удар

akoma yarenini

удар

stroke yareɛ

алергија

allegyi

кашаљ

ɛwa

грозница

ahoɔhyeɛ

грипа

papu

пролив

ayamtuo

главобоља

tipaeɛ

рак

kokoram

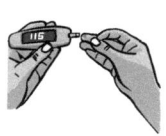

дијабетес

asikyire yareɛ

хирург

dɔkota a ɛyɛ oprehyɛn

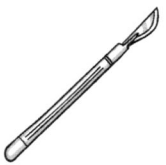

скалпел

skapɛl sekan

операција

aprehyɛn

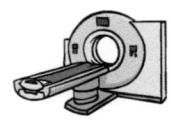

цт
CT

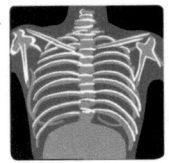

рентген
x-ray

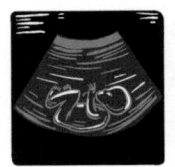

ултразвук
ultrasound

маска
nkatanim

болест
yareε

чекаона
εdan a wɔ twεn mu

штака
krɔhyes

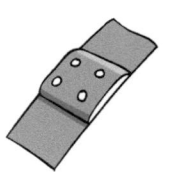

фластер
plasta

завој
banege

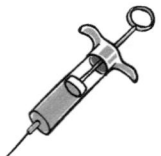

ињекција
paneε

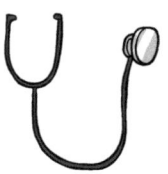

стетоскоп
Stetoskop

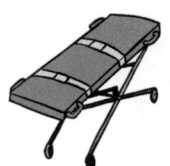

носила
ahomankaa

термометар
afidie a esusu ahoɔhyeε

рођење
awoɔ

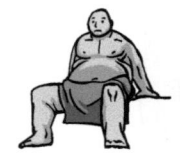

прекомерна тежина
kεseε mmorosoɔ

слушни апарат

afidie a ɛboa asɛmtie

средство за дезинфекцију

aduro a ekum mmoawa

инфекција

yareɛ a mmoawa deba

вирус

vaarɔs

хив / аидс

HIV / AIDS

медицина

aduro

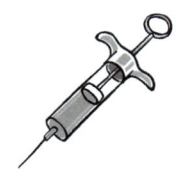

вакцинација

aduro a esi yareɛ ano

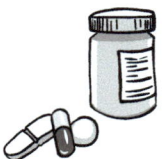

таблете

aduro tablɛte

пилула

topaeɛ

хитни позив

ɔfrɛ wɔ putupru so

уређај за мерење притиска

afidie a esusu mogya mmrosoɔ

болесно / здраво

yareɛ / apomuden

помоћ!

Boa me!

аларм

kɔkɔbɔ

насртај

ɛborɔ

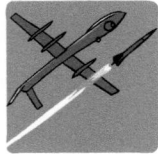

напад

ato ahyɛ obi so

опасност

ɛyɛ hu

излаз у случају нужде

baabi a yɛfa de pue putupru so

пожар!

Ogya!

противпожарни апарат

afidie a yɛde dumgya

незгоца

nkwanhyia

кутија прве помоћи

nneɛma yɛde sɔ yareɛ ano

сос

SOS

полиција

polisi

Европа

Yuropo

Северна Америка

Amerika atifi

Јужна Америка

Amerika ananfoɔ

Африка

Abiberm

Азија

Asia

Аустралија

Australia

Атлантик

Atlantik

Пацифик

Pasifek

Индијски океан

India po kɛseɛ

Антарктички океан

Antaatek po keseɛ

Арктички океан

Aatek po kɛseɛ

Северни рол

Ewiase atifi

Јужни рол

Ewiase anaafoɔ

Антарктик

Antaatek

земља

Ewiase

земља

asaase

море

ɛpo

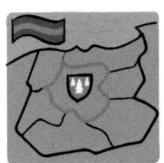

оток

supɔ

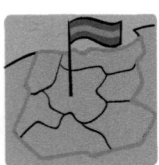

нација

ɔman

држава

ɔman

бројчаник сата

klɔko no anim

сатна казаљка

dɔnhwere nsa no

минутна казаљка

sima nsa

секундна казаљка

anitɛtɛ nsa no

Колико је сати?

Abɔ sɛn?

дан

da

време

berɛ

сада

seeseiara

дигитални сат

wkye a nɔma wɔ so

минута

sima

час

dɔnhwere

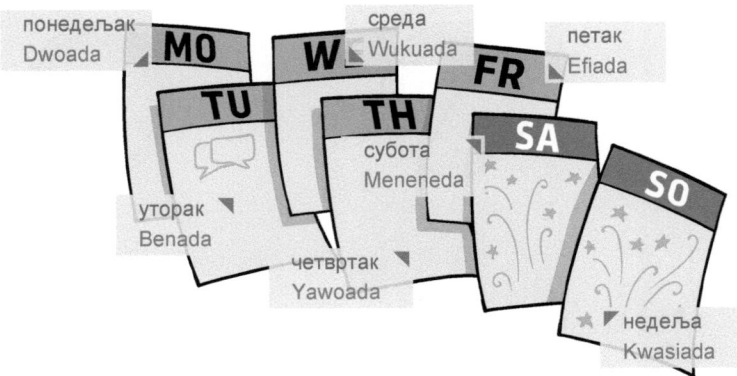

понедељак
Dwoada

среда
Wukuada

петак
Efiada

уторак
Benada

четвртак
Yawoada

субота
Meneneda

недеља
Kwasiada

јуче
....
ɛnora

данас
....
ɛnora

сутра
....
ɔkyina

јутро
....
anɔpa

подне
....
prɛmtobrɛ

вече
....
anwumerɛ

MO	TU	WE	TH	FR	SA	SU
1	2	3	4	5	6	7
8	9	10	11	12	13	14
15	16	17	18	19	20	21
22	23	24	25	26	27	28
29	30	31	1	2	3	4

радни дани
....
adwuma nna

MO	TU	WE	TH	FR	SA	SU
1	2	3	4	5	6	7
8	9	10	11	12	13	14
15	16	17	18	19	20	21
22	23	24	25	26	27	28
29	30	31	1	2	3	4

викенд
....
nnawɔtwe awieɛ

година

afe

киша
nsutɔ
дуга
nyankontɔn
снег
asukɔkyea
ветар
mframa
пролеће
nsutɔbrɛ
јесен
autumnbrɛ
лето
awiabrɛ
зима
awɔbrɛ

4.APRIL 11°
5.APRIL 4°
6.APRIL 13°
7.APRIL 8°
8.APRIL 10°

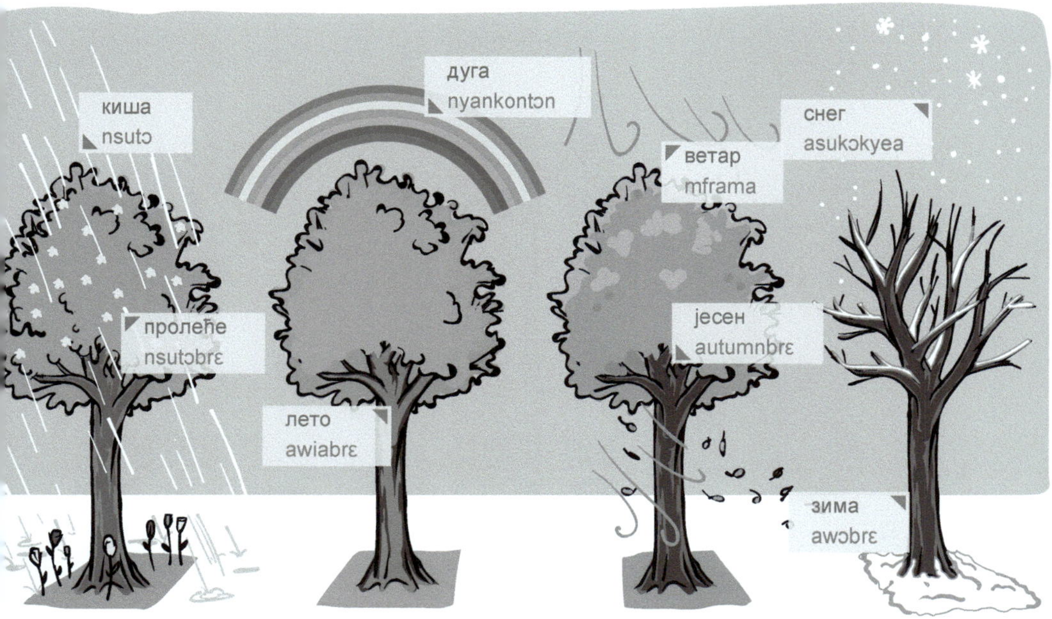

метеоролошка прогноза

ewiem nsakrɛɛɛ

F C
120 40
90 30
60 20
30 10
0 0
-30 -10
-20

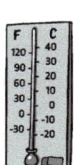

термометар

afidie a esusu ade ho hyeɛ

сунчана светлост

awiabɔ

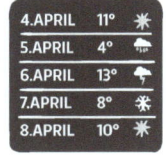

облак

munukum

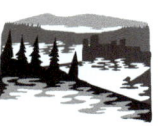

магла

ɛbɔ

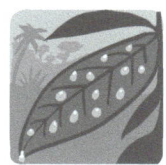

влажност ваздуха

ewiem nsuo

муња

ayɛrɛmo

грмљавина

apranaa

олуја

ehum

туча

asukɔkyea

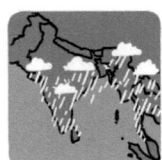

монсун

monsoonbrɛ

поплава

nsuyiri

лед

aise

јануар

ɔpɛpɔn

фебруар

ɔgyefoɔ

март

ɔbɛnem

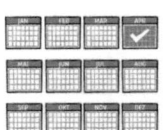

април

Oforisuo

мај

Kotonimaa

јуни

Ayɛwohomumu

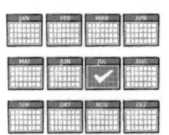

јули

Kitawonsa

август

ɔsanaa

септембар
....
ɛbɔ

октобар
....
Ahinime

новембар
....
Obubuo

децембар
....
ɔpɛnimaa

облици

abosuo

круг
....
kanko

квадрат
....
sokwɛɛ

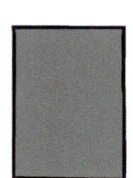

правоугао
....
rɛktangel

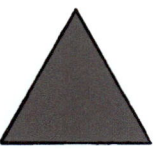

троугао
....
triangel

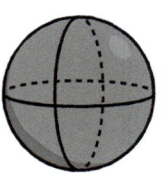

кугла
....
krukruwa

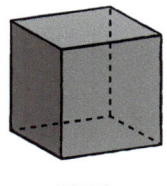

коцка
....
adaka

бела

fitaa

жута

akokɔ sradeɛ

наранџаста

ankaa

ружичаста

pink

црвена

kɔkɔɔ

љубичаста

pɛpol

плава

bruu

зелена

ahaban mono

смеђа

braun

сива

nson

црна

tuntum

много / мало

pii / ketewa

љутито / мирно

wo boafu / wɔ adwo

лепо / ружно

ɛyɛ fɛ / ɛyɛ tan

почетак / крај

ahyɛseɛ / awieɛ

велико / малено

kɛseɛ / esua

светло / тамно

ɛha / esum

брат / сестра

nuabarima / nuabaa

чисто / прљаво

ɛho te / ayɛ fin

потпуно / непотпуно

awie / enwieɛ

дан / ноћ

awia / anadwo

мртво / живо

awu / ɛte ase

широко / уско

emubae / ɛyɛ tea

јестиво / нејестиво

yɛde /yɛnni

зло / добро

bɔne / tema

узбуђено / досадно

wɔ aniagye / wɔ ani nka

дебело / мршаво

ɔso / teatea

на почетку / на крају

edikan / etwatɔɔ

пријатељ / непријатељ

adamfoɔ / atamfo

пуно / празно

ayɛ mma / hwee nim

тврдо / мекано

ɛdenden / mmerɛ mmerɛ

тешко / лагано

ɛyɛ duru / ɛyɛ ha

глад / жеђ

ɛkɔm / nsukɔm

болесно / здраво

yareɛ / apomuden

илегално / легално

etia mmara / ɛwɔ mmara mu

паметно / глупо

nyansa / gyimi

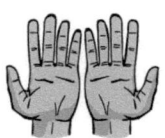

лево / десно

benkum / nifa

близу / далеко

ɛbɛn / akyire

ново / половно

foforɔ / dada

ништа / нешто

hwee / biribi

старо / младо

wɔ anyini/ ɔsua

укључено / искључено

sɔ /dum

отворено / затворено

bue / tom

тихо / гласно

dinn / dede

богато / сиромашно

ɔdefoɔ / ohia

тачно / погрешно

nifa / benkum

храпаво / глатко

werewerɛwerewerɛ /
trontron

тужно / сретно

awerɛhoɔ / anigyeɛ

кратко / дуго

tietia / tenten

полако / брзо

nyaa / ntɛm

мокро / сухо

afɔ / awɔ

топло / хладно

dedɛɛdeɛɛ / adwo

рат / мир

akoo / asomdweɛ

0

нула

hwee

1

један

baako

2

два

mienu

3

три

meɛnsa

4

четири

ɛnan

5

пет

enum

6

шест

nsia

7

седам

nson

8

осам

nwɔtwe

9

девет

nkron

10

десет

edu

11

једанаест

du-baako

12

дванаест

du-mienu

13

тринаест

du-mɛɛnsa

14

четрнаест

du-nan

15

петнаест

du-num

16

шестнаест

du-nsia

17

седамнаест

de-nson

18

осамнаест

du-nwɔtwe

19

деветнаест

du-nkron

20

двадесет

aduonu

100

стотину

ɔha

1.000

хиљаду

apem

1.000.000

милион

ɔpepem

енглески

Brɔfo

амерички енглески

Amerikafoɔ Brɔfo

мандарински кинески

Chainfoɔ Mandarin

хиндски

Hindi

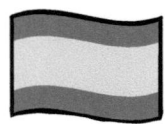

шпански

Spainfoɔ kasa

француски

French kasa

арапски

Arabia kasa

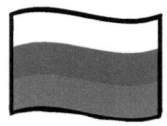

руски

Russianfoɔ kasa

португалски

Portugalfoɔ kasa

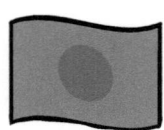

бенгалски

Bengali

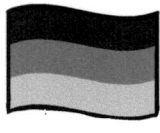

немачки

Germanfoɔ kasa

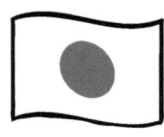

јапански

Japanfoɔ kasa

ja

Me

ти

wo

он / она / оно

ono

ми

yɛn

ви

wo

они

ɔmmo

Ко?

hwan?

Шта?

deɛ bɛn?

Како?

ɛyɛ deɛn?

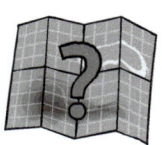

Где?

ehen?

Када?

dabɛn?

име

edin

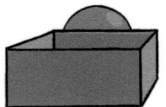

иза

akyire

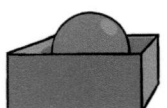

у

emu

испред

anim

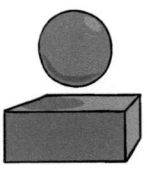

преко

εsoro

на

εso

испод

aseε

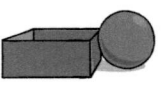

поред

nkyεn

између

ntεm

место

beaε